W9-BOA-739

Adivina quién
se zambulle

Sharon Gordon

Marshall Cavendish
Benchmark
Nueva York

¿Me viste brincar fuera del agua?

El océano es mi hogar.

No soy un pez.

Necesito respirar aire,
igual que tú.

Nado a la superficie.

Respiro por el *orificio nasal.*

Después vuelvo a sumergirme.

Mi piel es suave y me ayuda a nadar rápido.

Viajo con mis compañeros en *grupo*.

Nuestros bebés se llaman *crías*.

Cuando hay peligro doy
un coletazo en el agua.

Todos nadan alejándose
rápidamente.

Mis ojos ven bien en el agua.

También puedo "ver" haciendo sonidos.

Envío un chasquido.

El sonido regresa a mí.

Los sonidos me dicen el tamaño de algo.

También me dicen en dónde está.

Me gusta comer toda clase de peces.

Los atrapo con mis afilados dientes.

Pero yo no te haría daño
a ti.

¡Puedes nadar conmigo!

¿Quién soy?

¡Soy un delfín!

¿Quién soy?

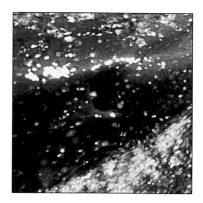

orificio nasal

ojo

piel

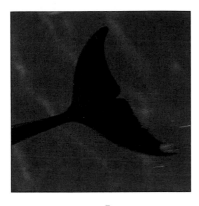

cola

dientes

Palabras avanzadas

crías
Delfines bebés.

grupo
Varios delfines juntos.

orificio nasal
Un hueco en la parte de arriba de la cabeza del delfín que usa para respirar.

29

Índice

Las páginas indicadas con números en **negrita** tienen ilustraciones.

Datos biográficos de la autora

Sharon Gordon ha escrito muchos libros para niños. También ha trabajado como editora. Sharon y su esposo Bruce tienen tres niños, Douglas, Katie y Laura, y una perra consentida, Samantha. Viven en Midland Park, Nueva Jersey.

Agradecemos a las asesoras de lectura Nanci Vargus, Dra. en Ed., y Beth Walker Gambro.

Marshall Cavendish Benchmark
99 White Plains Road
Tarrytown, New York 10591-9001
www.marshallcavendish.us

Library of Congress Cataloging-in-Publication Data

Gordon, Sharon.
[Guess who dives. Spanish]
Adivina quién se zambulle / Sharon Gordon. – Ed. en español.
p. cm. – (Bookworms. Adivina quién)
ISBN-13: 978-0-7614-2381-2 (edición en español)
ISBN-10: 0-7614-2381-8 (edición en español)
ISBN-10: 0-7614-1554-8 (English edition)
1. Dolphins–Juvenile literature. I. Title. II. Series: Gordon, Sharon. Bookworms. Adivina quién.

QL737.C432G67318 2006
599.53–dc22
2006015788

Traducción y composición gráfica en español de Victory Productions, Inc.
www.victoryprd.com

Investigación fotográfica de Anne Burns Images

Fotografía de la cubierta de *Animals, Animals*/Lewis S. Trusty

Los permisos de las fotografías utilizadas en este libro son cortesía de: *Animals, Animals*: pp. 1, 23, 29 (derecha) Gerard Lacz; p. 3 Lewis S. Trusty; pp. 11, 28 (abajo) D. Lee; pp. 15, 29 (izquierda) James Watt. *Visuals Unlimited*: pp. 5, 13 Dave B. Fleetham; p. 7 Mark E. Gibson; pp. 9, 28 (arriba a la izquierda) James D. Watt; p. 21 Hal Beral. *Peter Arnold*: pp. 17, 27, 28 (arriba a la derecha) Gerard Lacz; p. 19 Jeffrey L. Rotman; p. 25 Kelvin Aitken.

Diseño de la serie de Becky Terhune

Impreso en Malasia
1 3 5 6 4 2